W9-AGA-789

El canguro

Patricia Whitehouse

Traducción de Patricia Cano

Heinemann Library
Chicago, Illinois

Designed by Sue Emerson, Heinemann Library
Printed and bound in the United States by Lake Book Manufacturing, Inc.

07 06 05 04 03
10 9 8 7 6 5 4 3 2 1

Library of Congress Cataloging-in-Publication Data
Whitehouse, Patricia, 1958-
   [Kangaroo. Spanish]
   El canguro / Patricia Whitehouse ; traducción de Patricia Cano.
       p. cm. --(Animales del zoológico)
   Summary: An introduction to kangaroos, describing their size, diet and everyday behavior
and highlighting differences between those in the wild and those living in a zoo habitat.
   ISBN 1-40340-337-6 (HC), 1-40340-555-7 (Pbk.)
   1. Kangaroos--Juvenile literature. [1. Kangaroos. 2. Zoo animals. 3. Spanish language
materials.] I. Title.
   QL737. M35 W4518 2002
   599.2'22--dc21
                                                        2002068871

Acknowledgments
The author and publishers are grateful to the following for permission to reproduce copyright material:
Title page, p. 7 John Cancalosi/DRK Photo; pp. 4, 22, 24 Charles Philip/Visuals Unlimited; p. 5 Roland Seitre/Peter Arnold, Inc.; p. 6 Inga Spence/Visuals Unlimited; pp. 8, 9, 19, 20 Mitsuaki Iwago/Minden Pictures; p. 10 Walt Anderson/Visuals Unlimited; pp. 11, 15 Chicago Zoological Society/The Brookfield Zoo; p. 12 Frans Lanting/Minden Pictures; p. 13 Jim Schulz/Chicago Zoological Society/The Brookfield Zoo; pp. 14, 21 Martin Harvey/DRK Photos; p. 16 antphoto.com.au; p. 17 Tom Brakefield/Corbis; p. 18 Steve Kaufman/Corbis; p. 23 (row 1, L-R) Chicago Zoological Society/The Brookfield Zoo, Frans Lanting/Minden Pictures, Lawrence M. Sawyer/PhotoDisc; p. 23 (row 2, L-R) Jim Schulz/Chicago Zoological Society/The Brookfield Zoo, Mitsuaki Iwago/Minden Pictures, John Cancalosi/DRK Photo; p. 23 (row 3, L-R) Jack Ballard/Visuals Unlimited, John Cancalosi/DRK Photo, Jim Schulz/Chicago Zoological Society/ThenBrookfield Zoo; back cover (L-R) Charles Philip/Visuals Unlimited, Martin Harvey/DRK Photos

Cover photograph by Martin Harvey/DRK Photos
Photo research by Bill Broyles

Every effort has been made to contact copyright holders of any material reproduced in this book.
Any omissions will be rectified in subsequent printings if notice is given to the publisher.

Special thanks to our bilingual advisory panel for their help in the preparation of this book:

Anita R. Constantino
Literacy Specialist
Irving Independent School District
Irving, Texas

Aurora Colón García
Literacy Specialist
Northside Independent School District
San Antonio, TX

Argentina Palacios
Docent
Bronx Zoo
New York, NY

Leah Radinsky
Bilingual Teacher
Inter-American Magnet School
Chicago, IL

Ursula Sexton
Researcher, WestEd
San Ramon, CA

We would also like to thank Lee Haines, Assistant Director of Marketing and Public Relations at the Brookfield Zoo in Brookfield, Illinois, for his review of this book.

Unas palabras están en negrita, **así.**
Las encontrarás en el glosario en fotos de la página 23.

Contenido

¿Qué es el canguro?

bolsa

El canguro es un **marsupial**.

Los marsupiales cargan las crías en una **bolsa**.

En estado natural, el canguro vive donde hace calor todo el año.

Pero lo podemos ver en el zoológico.

¿Cómo es
el canguro?

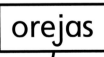
orejas

cola

El canguro tiene **orejas** largas
y cola larga.

El pelo es café o gris.

pata trasera	pata delantera

Las **patas traseras** del canguro
son grandes.

Las patas delanteras son cortas.

¿Cómo es la cría del canguro?

Las crías del canguro se llaman **joeys**.

¡Un canguro recién nacido es del tamaño de un frijol!

Al principio, el joey no tiene pelo.

Vive en la **bolsa** de la madre
mientras crece.

¿Dónde vive el canguro?

En su ambiente natural, el canguro vive en **praderas.**

Unos canguros viven en bosques.

En el zoológico, el canguro vive en un **recinto** grande.

El recinto tiene pasto y otras plantas.

¿Qué come el canguro?

En su ambiente natural, el canguro come pasto y plantas pequeñas.

En el zoológico, el canguro come **heno** y **granos**.

Los **cuidadores** también le dan frutas.

¿Qué hace el canguro todo el día?

En su ambiente natural, el canguro pasa casi todo el día durmiendo.

Una madre y su **joey** duermen en la sombra.

En el zoológico, el canguro está casi todo el día despierto.

Pasa el día comiendo y descansando.

¿Qué hace el canguro de noche?

En su ambiente natural, el canguro es **nocturno.**

Busca alimento de noche.

En el zoológico, el canguro duerme de noche.

No tiene que buscar alimento.

¿Qué sonido hace el canguro?

El canguro hace un ruido suave como un gorjeo.

Hace ese sonido cuando ve otros animales.

A veces, el canguro gruñe.

Gruñe cuando está en peligro.

¿Qué tiene de especial el canguro?

El canguro usa la cola para equilibrarse.

A veces los canguros se equilibran con la cola cuando juegan.

El canguro da grandes saltos.

¡Un canguro puede atravesar
tu salón de clase de dos saltos!

Prueba

¿Recuerdas cómo se llama la cría del canguro?

Busca la respuesta en la página 24.

?

Glosario en fotos

recinto
página 11

pata trasera
página 7

nocturno
página 16

granos
página 13

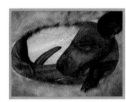

joey
páginas 8, 9, 14

bolsa
páginas 4, 9

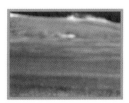

pradera
página 10

marsupial
página 4

cuidador
página 13

heno
página 13

Nota a padres y maestros

Leer para buscar información es un aspecto importante del desarrollo de la lectoescritura. El aprendizaje empieza con una pregunta. Si usted alienta las preguntas de los niños sobre el mundo que los rodea, los ayudará a verse como investigadores. En este libro, se identifica al animal como un marsupial. Los marsupiales tienen una bolsa, o marsupio, en donde cargan o amamantan a sus crías. El símbolo de marsupial en el glosario en fotos muestra un canguro hembra con un joey en la bolsa. El símbolo de bolsa muestra el exterior de una bolsa de canguro, donde asoma la cabeza de la cría. Explique que aunque el canguro es el marsupial que tiene una bolsa más fácil de reconocer, otros animales, como la zarigüeya, también son marsupiales.

Índice

Respuesta de la página 22

La cría del canguro se llama joey.